생을 위조하다

문학과사람 시선 031

생을 위조하다
문학과사람 시선 031

초판 1쇄 발행 | 2024년 5월 20일
  2쇄 발행 | 2024년 6월 3일

지 은 이 | 유혜자
펴 낸 이 | 김광기
펴 낸 곳 | 문학과 사람
등록번호 | 제2016-9호
등록일자 | 2016년 7월 22일
주   소 | 경기도 시흥시 하상로 36 금호타운 301-203
            서울시 마포구 성미산로 1길 30, 2층
전   화 | 031) 253-2575
전자우편 | poetbooks@naver.com
홈페이지 | http://cafe.daum.net/yadan21

ISBN 979-11-93841-07-5 03810

값 12,000원

* 이 책은 전부 또는 일부 내용을 재사용하려면 저자와 '문학과 사람'의 동의를 받아야 합니다.
* 이 도서의 국립중앙도서관 출판도서목록은 서지정보유통지원시스템 홈페이지(http://seoji.nl.go.kr)와 국가자료공동목록시스템(http://www.nl.go.kr/kolisnet)에서 이용하실 수 있습니다.
* 이 시집은 교보문고와 연계하여 전자책으로도 출간됩니다.

생을 위조하다

유혜자 시집

* 본문에서 페이지가 바뀌며 연 구분 공간이 있을 때에는 〈 표기를 합니다.

■ 시인의 말

결핍이 없었다면

詩는 태어나지 않았을 것이다.

하지 못한 말, 삼킨 눈물이

詩가 되었다.

쓸 수밖에 없었던

인생의 쓴잔, 너에게 건배!

2024년 5월, 유혜자

■ 차례

1부

지문 – 19
그 저녁은 따뜻했다 – 20
그날 – 22
그 새와 그 나무 – 24
당신은 지상에 없는 사람 – 26
돌아갈 수 없는 날의 풍경 – 28
그 – 30
女子 – 32
부를 수 없는 이름 – 34
여기는 무인도 – 36
나무 – 38
마지막 비상 – 40
그 바닷가의 노래 – 42
섬 – 44
山 한 채 – 46

2부

숙명 – 49

외기러기 – 50

나무에게 – 52

저무는 시간 – 54

생을 위조하다 – 56

물의 기원 – 58

그때 – 60

그리운 것은 어디로 가나 – 61

순장(殉葬) – 62

전설 – 64

행복한 순간이 오면 – 66

생각한다 – 68

어디에도 없는 꽃 – 70

벚꽃 아래 어느 날 – 71

우기(雨期) – 72

3부

새언니 – 77

마지막 詩 – 81

super robot – 82

오늘도 기다렸어 – 84

언젠가에게 – 86

별아 – 88

브루클린으로 가는 마지막 비상구는 흐르고 – 90

내 곁의 좋은 것들 – 92

나는 원시인 – 94

새가 되어 – 96

꿈꾸며 – 98

청성곡을 듣다가 – 99

정금 같은 사랑 – 100

베일 – 102

꿈 – 103

4부

나는 피뢰침 – 107

풀씨 – 108

波濤, 불멸의 꽃 – 109

잃어버린 계절 – 110

별은 어디로 갔을까 – 112

생의 어느 날 – 114

처서 – 116

비단풀 – 117

너라는 나무의 잎 – 118

사소하게, 간절하게 – 119

생의 한가운데 – 120

타인의 시간 – 122

생의 이력 – 124

그대에게 가는 길 – 126

나에게 미안하다 – 128

■ **해설** | 박현솔(시인, 문학박사) – 131

1부

지문

누군가 올라간 경사길을
누군가는 내려갔다
어떤 이는 벌집 같은 흔적을
어떤 이는 그물 같은 흔적을 남겼다
온전한 것 으깨진 것
곧게 벋은 자국
늦은 시간까지의 여흥이
삐뚤빼뚤 돋을새김 된 자국
길고 긴 여로에 이제 막 발 올린 작은 발자국 옆에
오래 걸어온 이의 닳고 닳은 발자국
제 몫을 다한 하루가 지문으로 남았다

내가 뭉갠 발자국이
어느 고단한 이의 것은 아니길 바라며
오늘에 낙관 찍듯 지문 하나 보태는
눈 온 날의 깊은 밤

그 저녁은 따뜻했다

먼 데서 까치 울음이 흘러든다
나무와 나무를 지나
건물과 건물을 지나
희미하게 건너온 까악 깍
먼 어느 나무에선가 보냈을 저 오래된 소식
빛바랜 사진처럼 아릿하다
사그라드는 햇빛
하루의 소란이 잦아드는 시간
잃어버린 기억이 귀를 연다

가볍고 환한 순간엔 숨죽이고 있다가
저녁 까치 울음에 문득 배어 나오는 것들

아궁이에 불 지필 일도 없는 저녁 무렵을
구수한 밥 냄새가 안개처럼 감싸오고
어디선가 나를 부르는 소리가
몽롱하게 스며들 것 같은 이 한때
〈

언젠가 이런 저녁을 지나왔다고
그 저녁은 참 따뜻했다고
먼 데로 귀를 열어두는 저녁이다

그날

이제 너를 버릴 테다

갖지 못할 것을 탐했던 너
끝난 일에 집착했던 어리석은 너
너 아니면 안 될 것처럼 오만했던, 미련했던
나라는 이름의 너
너에게 돌을 던진다
달라질 널 기대하며 유예했던 시간들
그 시간도 버릴 테다
나를 증명하던 그 어떤 표정도, 무게도 벗어 놓겠다
꿈꾸지 않을 것이다
세웠던 계획도 모두 지워버릴 것이다
따뜻한 햇살이 내리쬐는 시냇가에서
나른한 졸음을 베고 누울 것이다
이국의 노래 같은 종달새 소리에도
눈 뜨지 않을 것이다
냉이꽃 향기를 맡으며
희디흰 구름 아래 노랑나비가 되어
팔랑팔랑 날아갈 것이다, 그날

〈
안녕,
나를 기다리던 꽃들아,
안녕
나를 기억하는 이여
이제 안녕

그 새와 그 나무

고적히 서 있던 나무
어느 날 새 한 마리 가지에 앉았다
사뿐, 새를 받은 나무
미세한 파동이 뿌리를 건드렸다

새는 자주 날아와
점점 더 오래 나무에 머물렀다
또록또록 맑은 눈으로
새는 노래를 불렀다
새가 무엇을 노래하는지 알 수 없지만
나무는 그 노래에 귀를 기울였다

언제부턴가 새는
나무가 새를 기다린다고 생각했다
언제부턴가 나무는
새가 나무에게 노래를 불러준다고 생각했다

새가 노래하는 동안
나무가 새의 노래를 듣는 동안
꽃이 피고
꽃이 졌다
뜨거운 계절이 지나가고
추운 계절도 지나갔다

또록또록한 눈망울로 날아왔던 새는
어느 날 무심한 눈빛으로 멀리 날아갔다

새가 날아가자
뿌리 깊숙이 진동이 왔다
새는 다시 오지 않는데
나무는 여전히 노래를 들었다
가슴속 이명이 된
멈추지 않는 그 새의 노래를

당신은 지상에 없는 사람

이름 하나 있었으면 해
아무리 작은 소리로 불러도
아무리 먼 데서 불러도
금세 알아듣고 훈훈해질
한사람이 불러주는 이름
혼자만 알아듣는 이름

후박나무 같아도
나비 수국이라 불러주는
이쁘다는 말 대신
넌 찔레 향이 난다, 툭 던지면
공갈빵처럼 가슴이 부풀
그런 사람 하나 있었으면 해
〈

이것은 전설

존재하지 않는 이야기

그리고 당신은

、

、

、

지상엔 없는 사람

돌아갈 수 없는 날의 풍경

어느 날
나 다시 이 길에 들 거다
붉고 푸른빛 다 떨군 무채색 계절에
쥔 거 아무것도 없는 가벼운 저녁에

타박타박
아침에 왔던 길 오차도 없이 돌아가다
문득 올려다본 하늘
노을이 풍경 너머로 사라지는 중이다
어둠이 별을 틔우는 중이다

아주 많은 시간이 흘러간 어느 날
불현듯 이 순간이 떠오르리라
그때 이 길엔
아름다운 것만 아스라이 고여 있을 것이다
나의 겨울도
다시 돌아갈 수 없는 날의
따스한 풍경이 되어 있을 것이다

지나간 것은 아름다웠다고
잠시
행복이 머물 것이다

그

그는 그 무엇도 아니었다

이 사람이 만지고
저 사람이 주무르고
터치고 집어던졌다
밟히고 채이고
굴러다닌 그
구르며 꽃이 되고 샘이 되고
안으로 안으로 단단해진 그
씨 한 톨로 영근 그

어느 눈 맑은 이가
무엇도 아닌 그를
고요히 받쳐 들었다
기꺼이 세신(世臣)이 되어
갈고 닦고 보듬었다
〈

누옥에 광채가 터졌다
마침내 詩가 탄생한 것이다
그를 접한 자
눈이 멀었다

女子

사람을 만나면 손부터 감추는 사람
묵묵히 숫돌에 칼을 문지르다
칼이 들지 않는다고 징징거려보고 싶은 사람
밤마다 쿠션에 발 올리는 대신
다리 부었다고 한 번쯤 투정도 해보고 싶은 사람
똥지게 지는 어머닐 보며
저렇게 살지 않겠다고 다짐하던 사람
안 안팎일 다 한다는 소리에
안엣일 바깥일 따로 있나요, 닥치면 하는 거지
헛꽃처럼 웃는 사람
누가 이쁘댄다고 미용실까지 다니냐
제 손으로 제 머리칼 쑹덩쑹덩 잘라내는 사람
제비꽃을 보면 지나치지 못하고 주저앉는 사람
이따금 푸른 하늘에 눈을 씻는 사람
바쁘기가 ktx급인
마지막 길도 초고속으로 가고 싶다는
고대토록 그것이 소원인 사람

그 많은 물을 퍼내고도
아직도 드라마 보다 제 몸에서 짠물을 길어 올리는
이십일 년간 치마 한 번 두른 적 없는 사람
앞으로도 두를 일 없을 것 같은 사람
주민번호 뒷자리 2로 표기된 사람,

그 女子

부를 수 없는 이름

땡볕에 시름시름 하던 꽃이
처서 지난 바람에 배시시 꽃잎을 연다
애썼다, 기특하다
가만, 네 이름이 뭐더라
아, 뭐였지?
그렇게 예뻐했는데
한두 해 품은 것도 아닌데
이름이 생각 안 나네

그럴 수도 있구나
함께 한 시간이 없던 일처럼 지워질 수도 있구나
다른 꽃의 이름을 하나하나 불러본다
다행이다, 잊지 않았다
그러나 언젠가
안개, 앵초, 코스모스 다 잊어버리고
그냥 꽃으로만 기억하는 날이 올 수도 있겠구나
잊힌 줄도 모른 채 꽃은 피어 향기롭겠구나
〈

그대 이름도 잊어버리는 날 있을까?
아리고 사무친 기억 모두 지워지고
길 가다 스친 사람처럼 그저 그 사람일 뿐인
그런 날이 올 수도 있을까?
그때도 여전히 그대는 잘 살 테지만
그대에겐 이미 오래전 사소한 내 이름이겠지만
오늘따라 더 애틋하다, 부를 수 없는 그 이름

여기는 무인도

아파트 이십층 꼭대기
옥상 꽃밭에 귀뚜라미가 운다
<u>또르또르 또르또르</u>‥

지상에서 육십여 미터를 훌쩍 날아
벌, 나비 찾아오는 것도 기이한데
날아왔을 리 만무한 귀뚜라미는
어쩌다 여기로 왔을까?

오려거든 짝하고 왔어야지
여기는 무인도
누구라도 답 좀 하라고
밤새워 울어도 그 울음 받아 줄 이 없다

지상으로 보내려고 울음을 따라가면
덤불 속 이내 고요하다
외면하고 등 돌리면
<u>또르또르 또르또르</u>
다시 발꿈치를 붙잡는 귀뚜라미

〈
붙잡아도 그 울음 받아줄 수 없으니
나 또한 이국의 낯선 골방 같은 어둠 속에 누워
들어줄 이 없는 행성으로
허무한 가을밤이나 타전하느니

나무

그 나무도 처음엔 여리디여린 나무
볕 따스한 날
하필 팍팍한 땅에 생을 세운 나무

구름이 지나가고
또 지나가고
별이 뜨고 별이 지고
탯줄 뗀 자리에 붙박이가 된 나무
갈 수 없는 저편을 발돋움하며
하루하루 높아진 나무
추위가 거듭될수록 깊어지는 품
노을이 머물다 가고
조각달이 앉았다 가고
제 몸 갉아 먹는 벌레마저도
깃드는 건 무엇이건 품어주던 나무
두른 것 하나 없이
천년의 겨울을 견딘 나무
천년의 봄을 다시 태어난 나무

먼 바라기 하던 세상에 새끼들 훌훌 떠나보내고
후려치는 바람과 타는 목마름을
홀로 견딘 나무

마침내
등신불이 된 나무,
어머니

마지막 비상

꿈을 꿨지요
저 높은 창공을 거침없이 날아가는 꿈을
난다는 건 얼마나 근사한 일인가요
바람을 타고 대서양을 건너
알프스를 지나고, 고비사막을 지나
먼먼 나라로 가겠지요
마침내 바람이 되겠지요
나는 알바트로스
너무 오래 오지 않는 폭풍우를 기다렸어요
날개는 퇴화하고
나는 걸 잊어버렸지요
언젠가 날 수 있을까요?

빌딩 숲을 지날 때마다
바람의 촉을 느껴요
두근두근 비상을 꿈꾸죠
날지 않는다면 무슨 의미가 있겠어요, 나는 새인걸
멀리 날지 않아도 돼요

오래 나는 것도 원치 않아요
고요하고 고요한 날
가장 높은 곳에서 단 한 번 비상이면 되죠
가볍고도 가벼운 허공의 파동을 읽지요
바람을 믿어요

드
디
어

이
소
다

사람들은 알까요?
그들 곁에 있던 새를
내가 새였다는 걸

그 바닷가의 노래

스물 무렵의 어느 날
라디오를 듣고 있었지요
노래가 나오자
나도 모르게 멜로디를 따라 하고 있었어요
오래 알던 노래처럼 익숙했지요
어디서 들었던 거지?
노래에 스민 이 아련함은 뭐지?

며칠 동안 그 노래는 귓가를 맴돌았지요
그러다 생각났어요
나 여섯 살의 바닷가
그 바닷가에 울리던 체인징 파트너
뉘엿뉘엿 해가 저물 무렵이면
사택(社宅) 추녀 아래
라디오에 연결된 스피커에서 시보가 울리고
어떤 프로그램의 시그널인지
어김없이 체인징 파트너가 흘러나왔지요
나 여섯 살에 다른 세상으로 떠난 아버지

그날 노래는 멈췄어요
그 계절은 끝난 거예요, 영원히

And you waltzed away from me
왈츠를 추며 당신은 내게서 멀어져 갔죠

어쩌다 이 노래를 들으면
하루종일 듣지요
다음날도 듣지요

아가, 아버지 진지 드시라고 해라
아버지~~ 김치 드세요~~~
와르르 별처럼 쏟아지던 웃음소리
해지는 쪽으로 점 되어 사라지던 갈매기들

체인징 파트너가 울리던 그 저녁은
너무 멀어졌어요
멀어질수록 그립지요

섬

한밤중 문득 깨어
무심히 내다본 창밖
검은 바다에
점점이 떠 있는 불빛들

잠들지 못한
누구의 머리맡을 지키는 빛인가
길을 찾으라고
누구에게 타전하는 빛인가

이 밤
나도 등대 하나 밝힌다

어머니 입원하신 빈방
그 방의 불을 차마 끌 수 없는 밤
멀리 출장 간 아들 방에도
불을 켜 두는 밤
그것으로 간절한 기도다

〈
도시의 저 섬들

돌아올 누군가를 위한 기원으로
누군가의 위안으로
불빛 환한

섬, 섬들

山 한 채

잎사귀 안에
보기 좋게 가지를 뻗은
나무 한 그루 들어 있다
중심에서 뻗은 가지가 다시 가지를 쳐
더 작은 나무를,
더 작은 나무는
그보다 더 작은 나무를 품었다
나뭇잎 하나에
수많은 나무가 빼곡하다
그 잎이 모여 나무가 되고
그 나무 모여 숲이 되고

작은 잎이 山의 씨앗이었네
山 한 채였네

2부

숙명

싸락 싸락 느닷없는 춘설
벙글던 꽃 숭어리 앙다문 가지 위에
깃 고르는 작은 새

한기를 뿌리치듯 사래 치는 고갯짓
웬 날벼락이냐고
조잘조잘 푸념이다

사계절 이 땅에 발붙이고 살았대서
너라고 오늘이 춥지 않겠니
너라고 지난 폭염이 견딜만했겠니

오는 계절마다
붙박이로 견뎌낸 작은 새야
네 안에 누가 있기에
나와 같은 길을 가라고 일러 주었느냐
숨지 말고 그 눈 다 맞으라고
누가 네게 소명을 주었더냐

외기러기

아직 아무 일도 일어나지 않은
미명의 아침
기러기 하나 다가와 점점 멀어진다
지워진 항로에 다시 길을 내는
너는 열외의 이단아
표지를 찾아 행군하는
고독한 마라토너
너를 기다릴 관중은 없다
그래도 가라, 끝까지
너는 듣게 될 것이다
폭포처럼 쏟아지는 갈채 소리를
그 갈채는 네 안에서 솟구치는 것
네 안에서 터지는 폭죽 같은 희열

비바람, 뜨거운 태양의 여로를 지나
그 어느 곳에 곤두박질쳐도
마지막 날개를 접은 그곳이 피안의 땅이 되리니
어떤 난기류가 네 날갯짓을 멈출까

고요히 나뭇가지에 앉는 것
그것은 오직 네가 완성할
너만의 마침표인 것
너는 멀어진다
점점 멀어지는 날갯짓에
나는 박자를 맞춘다
가벼워라
가벼워라, 저 날갯짓

점마저 사라진 빈 하늘
박자는 멈추지 않는다

나무에게

알고 있었니
어젯밤 네 발등에 떨어트린
내 눈물을

푸른 잎에 걸어둔
슬픔의 결정체를
오늘 아침 길어 올린 수액은
짭조름한 내 슬픔으로 하여
더 달콤했을 것이다

네가 흔들린다
후두둑 내 슬픔 쏟아진다

한때 네 등걸을 휘감던
무성한 이야기 다 사라지고
지금은 슬픔을 배접하는 시간
〈

알고 있었니
이 많은 것 중 사라진 하나가
이 넓은 세상을
완벽하게 텅 비웠다는 것을

흔들리지 마라
지금은 흔들리지 마라

어느 날엔가
나 없는 이 거리
하늘은 여전히 맑고
작은 새 하나 재재거릴 때

내 슬픔의 배후가 지나가거든

그때 비로소 흔들어 주지 않겠니
그저도 푸를 슬픔
나붓나붓 흔들어 주지 않겠니

저무는 시간

나를 저물게 두어라
다시 햇살 아래 세우지 마라
아름답게 노을 진 날
달의 땅처럼 가벼이 걸어갈 때
아무도 내 등을 돌려세우지 마라

이제껏 나를 유배시킨 세상의 모든 것들
나조차도 나를 유배했지만
형기가 끝나고

내 안의 소리를 따라갈 시간
눈멀고 귀멀어도 좋을 시간

창가의 따스한 불빛
별처럼 빛나던 그 빛 이제 바라볼 일 없이
차가운 땅속에 누워
비로소 자유롭고
고독은 다시 늪처럼 서늘하리니

〈
차라리 허공에 묘를 지으리라
작은 알갱이 중의 알갱이 되어
높새바람을 타리라
그리하여 어느 사막에 나는 내리고
이름 모를 풀뿌리 아래 내 분자는 스미리라

진화의 시간이 흐르고
다시 태어난다면
사람의 이름으로는
다시 오지 말 일이다

생을 위조하다

앞을 똑바로 보세요
똑바로 보세요, 똑~~바로
똑바로 보는 나에게
자꾸 똑바로 보라는 사진사

오른쪽으로 살짝 돌려 보세요
다시 왼쪽으로 조금만
고개 들고
자연스럽게 살짝 미소

사진 찍으며 알았네
내가 세상을
삐딱하게 살고 있었다는 걸

똑바로 해라, 큰소리친 내가
실은 불량했다는 걸

빳빳이 힘주고 걸어간 그 길이
삐딱한 길이란 걸

흠 있는 길이란 걸
모르는 척, 무심한 척

사진사 바로 세워주네
살만한 세상 아니냐는 듯
웃어 보라네

좋은 세월 살아온 듯
더 젊어진 듯
위조된 생이
면허증에 거리낌 없이 환하네

언젠가 생이 한없이 비틀거릴 때
나는 다시 사진관에 가겠네
부딪치고 채인 흔적들 모두 꺼내 놓겠네

너른 품 곧은 눈의 사진사에게서
말끔해진 생으로
다시 한번 곧게 걸어 보겠네
환한 햇빛 속을 걸어가겠네

물의 기원

사람에게 상처받은 날

흐르는 물줄기 밑에
오래도록 서 있었다

정수리를 흘러
온몸을 타고 내려가는 물줄기
내 정수리에서 시작된
바다를 향한 물의 발원

사람의 물길은
사람에게로 흐른다
맑은 사람의 물길에
따뜻한 사람의 물길에
빗장이 풀린다
상처가 씻긴다
〈

내 안의 물은 흐를 곳이 없다
흐르지 않으니
또 다른 상처를 잉태한다

흐르고 더 멀리 떠돌다
가장 높이 하늘로 회귀하는 물처럼
다시 바다를 두드리고
하늘과 땅을 잇는 맑은 물길처럼
다가온 것 떠나는 것
가두지 말고 흘러가게 했어야 했다

물아
발밑에서 나를 떠나는 물아
너를 따라가야겠다
닿는 것마다 씻겨 주고
오래 흐를수록 말개지는 낯빛으로
어느 맑은 사람의 기슭에 닿을 때까지
내가 흘러가야겠다
내 물길을 내야겠다

그때

잿빛 구름 낮게 드리워진 오후
무심히 창밖을 보고 있었다
이제 막 구름을 벗어난 몇 가닥 햇살이
어슴푸레 산허리를 감쌌다
이 길이 얼마나 오래 헤맨 길인지
너무 멀리 떠나온 그곳이 어디인지 상기시키며
빛은 아련했다
시린 날 그 온기에 등을 기대던
겨울 담벼락에 남아 있던 희미한 볕 같은 것이었다
허무를 앓던 계절, 걷고 또 걷던
빈 들판에 떨어지던 저물녘의 빛이었다
오래전에 잃었으나 잃은 줄도 몰랐던
애틋한 시간이 가만히 다가왔다
길은 막막하고
되돌아갈 수도 없던 그때,
오랜 것일수록 아늑한 위로가 되던 그때,
구름이 다시 빛을 거둔 뒤에도
어두워 오는 창가에 오래도록 서 있던
그때‥

그리운 것은 어디로 가나

때 이른 꽃이 진다
채 누리지도 못한 생이
된바람에 흩날리는 봄날

저 눈부신 윤무
애도의 눈길도 마다하고
환하게 환하게
꽃잎은 날아서 어디로 가나

내 안의 꽃도 진다
제대로 물들지도 못한 꽃이
만개가 무언지도 모른 채 져버린다
미처 하지 못한 말은
끝내 하지 못한 말이 되리라

온기 잃은 기억의 저편
꽃잎은 어디로 가나
그리운 것은 다 어디로 가나

순장(殉葬)

대청마루에 식구들이 모였다
고운 옷을 입고
큰오빠 혼례에 모인 식구들
자, 찍어요!
펑!
큰어머닌 놀란 토끼 눈이 되고
그만 눈을 감아버린 오촌 당숙

긴 세월 대청에서
새벽 대문 소리에 기지개 켜고
드나드는 식구를 다정히 배웅하고 맞이하던,
깊은 밤 빗장이 걸리면
봉당에 다복다복한 신발을
지그시 굽어보던 액자 속 식구들

신도시 건설이 시작되고
불도저가 몰려왔다
삼십여 년 늘 그 자리인 액자를 까맣게 잊고
분주히 떠난 식구들

대문만 바라보던 큰어머니 눈은 더 동그래지고
질겁해 더욱 눈 꼭 감은 오촌 당숙
누하주가 밀리고
대들보 중심이 와르르 무너졌다
식목일 기념 마당 가 감나무는
이태 만에 물관이 잘렸고
사방 폭삭 소리에 절규는 파묻혔다
과거와 뿌리가
송두리째 콘크리트 아래 순장됐다

누가 나를 불렀을까
까마득한 시간을 흘러와
불현듯 떠오른 액자 속 식구들
돌은 이 빠지듯
하나하나 다시 볼 수 없게 된 그리운 이들
돌아보는 순간
찰칵
내가 찍힌다
사라질 시간이다

전설

꽃과 연애하던 여자 있었지

허공에 밭 갈고 씨 뿌리던 여자
단비가 젖을 물려 꽃을 키웠지
햇빛이 색색의 옷을 입히고
별빛, 달빛이 향기를 둘렀지

잘 잤니?
나팔꽃보다 먼저 환히 웃던 여자
잘 있었니?
달빛 내린 뜰에 하루의 실타래를 풀던 여자

형형색색 룽다 같은 허공에
지나던 바람이 머물다 가고
품고 가던 꽃씨 몇 알
거리에 흘리고 가네
〈

그 여자 떠나고
허공의 꽃들 사라진 뒤에도
철 따라 거리엔 꽃이 피고
백 년 후에도 바람은 지나가겠지
지나다 문득 떠올리겠지

아, 이 꽃, 그 여자
백 년 전 머물렀던 그 여자를 기억하니?

어찌 잊겠냐고
꽃은 흔들리겠지
다시 백 년이 흘러가겠지

행복한 순간이 오면

행복한 순간이 오면
노래를 듣지 말 것
절대 듣지 말 것
말할 수 없이 행복하다면
더더욱 듣지 말 것
행복이 끝나버린 뒤엔
그 노래가 두고두고 비수가 될 테니

꽃도 보지 말 것
향기가 독이 될 테니
꽃잎이 발톱이 될 테니

하늘도 보지 말고
별도 보지 말 것
아무것도 눈에 담지 말 것
행복이 내 것이 아닌 뒤엔
눈에 담은 모든 것이 눈물이 될 테니
〈

그러나 누가 생각이나 하겠는가
그 행복한 순간에
언젠가 행복이 끝날 수도 있다는 걸
그 사랑이 떠날 수도 있다는 걸

생각한다

싱싱한 하루가 시작됐다
결의 같은 해가 불끈 솟고
청청한 나무에서 맑은 새의 노래가 쏟아진다
이제 막 열린 세상의 첫날이다
나는 어제, 어제를 버렸다
부산한 인파 속에 새날의 거리를 걷는다
파는 사람 사는 사람
모두 다 낭랑 옥타브다

포장마차에서 후루룩 비운
멀건 국물에 파 몇 닢 띄운 국수 한 사발
등줄기가 후끈해지고
명치 끝에서 울컥 뜨거운 것이 치민다

어제도 일 년 전도
오늘 같았다고
십 년 후도 오늘 같을 거라고
진부한 날에 마침표 찍으려던 그 며칠 전

달밤에 도로 닫아버린
쥐도 새도 모를 줄 알았던 덤불 속 사라진 갈색 병
두미없이 아픈 덴 없냐던 어머니의 서늘한 눈빛
차마 마주할 수 없던 그 눈빛에
돌아서 다시 태어난 유월 그믐밤
잘 가라 나여!

아주 먼 길에서 돌아와
무작정 걷고 또 걷던 시장 골목
언젠가 저들이 웃는 이유를 알게 되겠지
저 기운찬 몸짓이 이해되는 날이 오겠지

그때 버린 나보다 갑절의 시간을 흘러와
저 빛처럼 찬란한 날이 올 수도 있지 않겠나 싶었던
오지 않은 날
생각한다, 잘 있는가
새파랗던 날의 나여!

어디에도 없는 꽃

언젠가 그대가 꺾어준 꽃
길가 아무 데나 피던
흔하디흔한 꽃

이따금 그 길을 다시 가지
지천으로 핀
그 많은 꽃, 꽃들

그러나 그 꽃은
어디에도 없는 꽃

그대 떠난 날 시들어버린
다시 피지 않는 꽃

벚꽃 아래 어느 날

지금은 어느 날
꿈결처럼 눈부시게 벚꽃 터지는
어느 날의 어느 날
작은 새 삐비거리는 벚나무 아래
자전거 하나 무심히 세워 둔 그 나무 아래
어느 날이 오고
어느 날은 가고
백 년 같은 시간이
천년 같은 시간이
고요히 흘러가는 어느 날
꽃그늘 아래
돌아오지 않을 시간 속으로 흘러가는 어느 날
머언 어느 날
그 나무 아래가 그리워질
눈 뜨면 문득 사라져버릴 꿈같은 하루가
아득히 아득히 흘러가는 어느 날

우기(雨期)

맨 처음 슬픔을 말한 이 누구인가
즐거움, 기쁨, 행복
햇빛 같은 말 다 놔두고
아픔이라는 말로 다가 아니어서
고통이라는 말로는 끝낼 수 없어서
처음 슬픔을 슬픔이라 부른 그 사람
내가 슬프다 하면
애초 있는 말 다 버리고 슬픔을 말한 그이만 할까

함부로 눈물 보이지 말 것
슬픔을 남발하지 말 것

그러나

슬픔이 밀려오네
슬픔의 빙산이 녹아내리네
세상의 그 많은 말 다 소용없네
슬픔이 슬픔을 안아주네
슬픔만이 슬픔을 다독이네

〈
바위가 제 가슴 구멍 내
마침내 한 방울의 물을 받아내듯
심장이 다시 체온을 들이기까지

슬픔, 빛이 사라진 북극권

3부

새언니

나긋나긋 얼마나 살가운 이름이니
어느 날 시집와서 언니가 되어준 새언니
애기씨, 애기씨 부르면
폭신한 햇솜 위에 누운 것마냥
가슴 한켠이 말랑해지던

할머니 일찍 돌아가시고
큰어머니에게서 매운 시집살이하신 어머니가
동서한테 하듯이야 하겠냐마는 하던
그 시집살이를 묵묵히 삭혀낸 곰
사촌 오빠가
곰~~부르던 큰집 새언니

결혼식장에서
신랑 각시 얼굴이 바뀐 거 아녀? 할 만큼
기생 오래비 같던 사촌 오빠도 참 싱거웠다지
선보고 와선 어떻더냐는 중신애비에게
남의 귀한 처자를 이렇다 저렇다 할 수 있나요

하고는 얼마 안 가 장가 들었대나
이 오빠, 곰을 어찌나 아끼던지
새벽마다 요강을 말끔히 헹궈다 놓고
휴일이면 부엌 찬장까지 닦아댄다구
거시기 두 쪽 떼버리란 얘기가 동네에 자자했지
곰 같은 언니가 여우 같은 신랑 만났으니
시집살이가 대수겠어?

언니가 낳은 조카 셋
내 등에 업히지 않은 녀석이 없었지
학교 끝나면
분내 풍기며 바느질 하고 있는
새언니한테 달려가곤 했어
조카들마다 왜 그리 이쁜지
나물 뜯는 내 옆에
고무줄놀이 하는 내 옆에
풀방구리처럼 끼고 다녔지

조카들 보려고 뛰어 내려가던 그 길을
어느덧 조카들이 고모~~하며 뛰어 올라오고
여그가 진짜 고모여
거그는 당고모란 말여

〈
할머니 잔소리에 뭉기적거리고 있으면
오늘은 작은할머니네 출근 안 하냐 했다던 새언니

시집간 사촌 언니들
친정에 와도 우리 집엔 안 들렸지만
나는 왕복 차비만 세어 가서는
부침개를 넉넉히 부쳐 들고 큰집엘 갔지
언니, 나 집 사려고 빡세게 적금 붓느라
오늘은 부침개가 다야
집 사고 나면 상다리 휘어지게 차려올게, 그러면
그래, 우리 작은 애기씬 꼭 잘 살 거야
다독여 주던, 엄마 같던 새언니

어느결에 나는 '새' 떼고
언니~~부르는데
흰 눈을 소복이 이고 있는 언니는
지금도 우리 작은 애기씨

사촌 오빠 돌아 가신지도 20여 년
나 아홉 살에 시집온 새언니나
나 열 살에 태어난 조카나

다 같이 흰머리 늘어나는 세월에
손주까지 늘려서
때마다 작은 엄니 본다며
사촌 언니, 오빠보다도
우리 어머니 며느리보다도 더
어머닐 보러 오는 큰집 새언니

얼마 전엔 묵을 가지고 왔네
정말 일품이야
어쩜 이렇게 찰지게 쒔을까 하니
고기두 안 먹는 애기씨, 묵 좋아하잖어
애기씨 먹으라고 가져온 거여
나 있을 때 많이 먹어둬

아! 언니
언니 떠나는 날
나의 애기씨 시절도 그만 끝이 나겠네

마지막 詩

생의 마지막 우듬지에 얹은 것이
대나무 꽃이라네

백조는 마지막 날갯짓에 이르러
생애 단 한 번의 노래를 부른다네

짜디짠 강물의 흔적이
어두운 터널의 시간이 꽃처럼 핀

나는, 내가 읽을 마지막 詩

super robot

새벽 네 시,
알람과 동시에 로봇은 움직인다
저 불빛의 주인은 로봇일까, 사람일까

창밖 몇 개의 이른 불빛을 보며
보약처럼 커피를 들이붓고
과일 몇 조각으로 속을 채워보는 로봇
내장된 길을 잃는 일은 없다
비가 와도 눈이 와도
태풍에도 행로를 벗어나는 일 없다
로봇이 수행할 임무는
날마다 그날의 무지개를 찾는 일
빨강 옆에 노랑, 노랑 옆에 초록
무지개를 완성하는 일
그 무지개는 이미테이션
진짜는 손 닿을 수 없는 곳에 있는 것
감정은 금물
슬퍼도 웃고

화가 나도 웃고
산산조각 부서져 분리 수거될 때까지
수행을 멈출 수는 없다
간혹 주제를 망각하고
인간처럼 밀려 나오는 눈물을 다시 밀어 넣는,

누구신가
이 로봇 조종하는 이는

오늘도 기다렸어

창문을 열어 봐
건조한 하늘, 잿빛 거리
폭설을 기다리고 있어
폭설이 내리면
지상의 교신 다 끊고
아늑한 눈 속에서 꿈같은 잠을 잘 거야
묵은 등걸에 기적처럼 연둣빛 싹틀 때
둥글둥글 모음 족으로 다시 태어날 거야
아무것도 상처 입히지 않지
말할 때마다 느낌표가 자라지
눈 덮인 지구 한 귀퉁이
새 세기가 시작되는 거야
첫 햇살이 요람을 비추면
비틀대던 생은 해빙 속에 흘러가고
순정하게 부화한 것들로
지구는 따뜻할 거야
설원을 비추는 은빛 달은 말할 테지
세상은

한번은 이울고 한번은 차오른다고
빙하기를 건너 온 사람에게
슬픔은 오래전 지구상에 존재했던 말
달 없는 밤도 두렵지 않아
어둠 뒤에 오는 빛이 더 눈부시거든
눈을 감고 느껴봐
얼굴을 간질이는 햇살, 바람 한 올
완벽한 행복일 거야

오늘도 기다려
폭설은 어디쯤 오고 있을까

언젠가에게

해 드는 창가
아침이면 바이올렛에 물을 기울이고
바이올렛은 색색의 꽃을 피워 준다면

흔들의자에 앉아 읽던 책을 덮고
향 좋은 커피를 가만가만 마신다면
때마침 지는 노을을 바라본다면

과자 한 개씩 더듬으며
두 다리 쭈욱 뻗고 TV를 본다면
상큼한 광고 카피에 깔깔 웃을 때
그 옆에 기댈 어깨 하나 있다면

하얀 털북숭이 강아지도 데려와야지
저녁마다 구사일생 돌아온 나를
열열한 기쁨으로 맞아주겠지
〈

바람은 훈풍으로 불고
더도 덜도 아닌
따뜻한 햇볕이 쏟아지겠지

언젠가

거짓말처럼 그런 날이 온다면
투정 한번 해 볼까
왜 이제 왔니?
보란 듯이
다른 언젠가에게 떠나 버릴까?

별아

나 어릴 적 살던 집은
한 귀퉁이 흐물흐물 녹아내리던 토담집이었네
몇 해씩 이엉을 갈지 않은 지붕은
눈만 녹아도 천정에 녹물이 들고
곤히 자다 섬뜩한 손길에 화들짝 깨어 보면
천정에서 빗물이 뚝 뚝 듣고 있었네
사방 벽에 도배되어 있던 묵은 신문은
TV 없이도 즐거웠던 우리 남매의 유희꺼리였네
기사의 큼지막한 머리글자, 광고 문구들
한 사람이 미리 봐 둔 글자를 던지면
다른 사람은 그 글자를 찾아내다
눈 감고도 어드메 어느 글자가 있단 걸 꿰찰 때쯤
그 놀이도 시들해지고
본격적으로 깨알 글씨들을 탐험했네
천정에서 쭈욱 익어 가던 이육사의 청포도
겹겹이 이불 쌓아 놓고
목이 뻐근하도록 알알이 훑고 또 훑었네
벽 귀퉁이에서 누렇게 바래 가던
해외에서 이름 날리던 정경화 삼 남매의 흑백 사진

짜릿했던, 한편밖에 읽지 못한
정비석의 연재소설 황진이도 벽에서 읽었다네
전기세도 일 푼을 아끼던 시절
달빛에 더듬어 읽던 만화책들
만화책이 뭔지도 모르고
그저 책만 들고 있으면 공부한다고
내심 뿌듯해하던 어느 날
귀동냥으로 만화책은 공부 책이 아니란 걸 알고는
부지깽이 부러지도록 힘 뺐던 울엄니
쨍한 햇살 아래 아이들은 반들반들 알밤처럼 여물고
꿈꾸기를 부추기며 밤마다 푸르게 돋던 별들
늘 허기졌어도 늘 웃던 날이었네

그때 갖지 못한 거 지금 가지고 있네
그때 부족했던 거 지금 넉넉하네
그런데 지금 나는 허기지네
도시를 떠난 별처럼 더 이상 꿈도 꾸지 않네
이따금 생각하네
내가 욕심부린 그 무엇이 푸른 꿈을 거둬 갔을까
지금 내 곁의 것 버리고 버려서
그때처럼 알몸의 세월을 산다면
별은 다시 푸르게 돋을까

브루클린으로 가는
마지막 비상구는 흐르고

지금은 미완의 밤
내려앉는 어둠 속을 운전하자니
창가에 하나둘 노오란 불이 켜지고
가슴엔 돌아갈 곳 없는 사람처럼
허허로운 바람이 지나간다

어제 같은, 그제 같은 오늘
브루클린으로 가는 마지막 비상구는 흐르고
새삼 가슴 미어질 일도 없건만
어스름에 듣는 노래 하나에
갓길에 차 세우고 한숨 짓는 저녁

그랬던가
나 돌아갈 곳이 있었던가
누군가의 온기로 훈훈한 곳
돌아올 나를 위해 켜 둔 따스한 불빛 하나
그런 것이 있었던가

〈
노을 진 후의 저녁 실루엣은
더욱더 가슴을 조여와
조금만
조금만 더 있다가
결국 가던 길 가겠지만
노래는 흐르고
길은 지워진다

내 곁의 좋은 것들

눈이 침침하다
그럴 나이가 된 거라고
굳이 상기시켜 주는 야속한 세월
그 나이 되도록
내 너에게 못 볼 꼴 많이 보게 했다
그래, 눈아
이제 너에게 다른 것을 보여주마

녹음 짙은 숲 너머
청청한 하늘도 좋지만
비울 대로 비워버린 겨울나무 사이
흐린 하늘도 나쁘지 않더라

현란하게 눈짓 보내는 계절 꽃 예쁘지만
철쭉 군락 아래 쌓인 눈을
제 체온으로 숨구멍 내고 있는 초록 풀잎이야말로
기특하더라
〈

먼 하늘
활강하는 새 아름답지만
매일 지나는 길에
포롱포롱 날아가는 귀여운 참새를 잊고 있었구나

이제라도 차근차근 보자꾸나
보려 하지 않았던
보아도 보이지 않던
내 곁의 좋은 것들

나는 원시인

나는 원시인
내가 하는 말은
문명의 땅에선 소통되지 않는 언어
내가 묻는 말에 답할 사람은 나뿐

반드시 살아야 한다는 의식 따윈 없다
사는 건 본능
본능이 사냥하고 본능이 먹는다
오늘도 먹었으니 오늘은 살았다

추우면 더 걸치면 그뿐
더위에도 미관상 입는 건
문명인의 짓이다
근사한 집도 필요 없다
몸 뉘어 쉴 곳으로 족하다

그대에게 나는 원시인
행, 불행 따위 생각하지 않는 원시인

그럼에도 이따금
지는 노을에 흔들리는 원시인
문명의 이기에 문맹인 원시인

오직 땀의 배분으로 살아낸 오늘
내일은 내일의 오늘을 살 것이다

새가 되어

바람이 부네
나뭇잎이 흔들리네
흐르던 구름이 멈췄다 다시 흐르네
생각난 듯, 아무 일 없는 듯
산새가 다시 노래하기 시작하네
모든 살아있는 것은
흔들리네
소리하네

단 한 사람만이 흔들리지 않네
소리가 없네
그의 시간은 멈췄네

바람을 타네
새가 되어 날아가네
묶였던 끈 모두 끊고
멀리 날아갔네
〈

다시 돌아오지 않을 곳으로
……
부디, 평안하세요
어머니

꿈꾸며

이 세상 최초의 목수는
자신이 어제 지은 집보다
오늘 더 나은 집을 설계했으리라

이 세상 최초의 화가는
오직 어제의 자신으로부터
한걸음 나아 갔으리라

이 세상 최초의 도공도
내일의 완성을 위해
기꺼이 오늘을 깨부쉈으리라

홀로 걸어가
길이 된 사람들

청성곡을 듣다가

울울창창 대숲에
허물 같은 움막 짓고

너럭바위 하나 놓아
바람이나 낚으리니

마주할 이 없는 잔엔
아득타 강물 소리

시름으로 벗하여
홀로 잔 기울일 제

댓잎 사이 흐르는
달빛에 젖은 心思

자진한잎으로
호젓함을 더하노라

정금 같은 사랑

리어카를 끈다
오늘 끌고 간 길이 하루 치 삶인
리어카 주인
이만하면 괜찮은 생이라고
봐주는 이 없는 허공으로
헤벌쭉 속 빈 웃음을 흘린다

추우면 추운 만큼 덧입고
더우면 한 꺼풀 벗을 뿐인
그 곁에 애인이 생겼다
허공에 부리던 웃음을
파지 더미 수북한 리어카 뒤로 폴폴 날린다
절름절름 리어카를 미는 야생 여자
엉킨 수세미 같은 머리카락 사이로
그 웃음 받아 환하게 벙그는데

반편들이 짐승마냥 붙었다고 쑥덕이는
고만고만한 노점 거리

사람다운 게 무엇인지
짐승 같은 건 또 무언지 알 바 없이

학벌, 돈, 미래 아무것도 묻지 않은 채
그들은 오늘 첫 세상의 여자처럼, 남자처럼
정금같이 순정한 사랑뿐인 사랑을 하고
생애 가장 따뜻한 밥을 나눠 먹을 것이다

베일

너는 베일이다
은밀한 손짓이다
더 가까이, 더 자세히
열고 싶다, 닿고 싶다
베일 뒤에서 모호하고
모호하게 신비한 너

베일 속 너는 네가 아니다
너는 내가 물 주는 꽃이다
베일 속에서 향기롭고
점점 더 아름다워진다
시간이 갈수록 베일은 들출 수 없다
들추는 순간 향기는 휘발된다

나도 베일이다
보이는 것이 전부가 아니다
베일 뒤 모래사막
끝내 넌 모를 것이다

꿈

지붕 덮어 눈비 막고
바람 안 들면 집인 줄 알았지

화려한 외관은 껍데기라고
주고받는 말이 경쾌한 노래가 될 수 있다고
소박해도 훈훈한 가슴으로 채우면 된다고
꿈꾸었지, 작고 따뜻한 집을

꿈이었다
눈 뜨니 사라진

4부

나는 피뢰침

바람잡이가 되어줄게
표적이 되어줄게
온몸으로 막아줄게

너는 웃어라
상처 없이 웃어라

풀씨

산을 깎고 들을 메우고
천지 창조하듯 각 세워 만든 신도시
갑갑한 땅이 용트림하자
콘크리트 주차장에 균열이 생겼다
그 틈을 재빠르게 빗물이 길을 내고
날아가던 풀씨가 사뿐 뿌리를 내렸다

끊임없이 밟고 다져진 땅
그 단단한 땅에
푸릇푸릇 숨구멍을 낸 풀씨들
미래의 어느 날
이곳엔 두 개의 신대륙이 생길 것이다
저 푸릇한 싹이 거목이 되는 백악기의 날

波濤, 불멸의 꽃

절벽으로 치닫는다
포효한다
숨죽인 순간
수천, 수만 송이
폭죽 터지듯 단애에 만개한 꽃
눈을 뜰 수 없다
감을 수도 없다
접근 불허의 표표한 꽃이다
범접지 못할
저 꽃의 이름은 무엇인가
제 몸 후려쳐 피워낸 찰나의 꽃
거듭거듭 부딪친다
깨지고 깨져
수 세월 피고 졌다

아직 미완성이다
다시 피워 올린다

잃어버린 계절

우리는 푸른 나무였다

물오른 순 한껏 허공을 채우던
연푸른 오월의 나무였다
빛 위에 빛이 쏟아지고
벽과 벽이 투명하던 계절
그러나 오월은 짧았다
푸른 물관이 닫히고
우리의 페이지는 덮였다
깃들었던 새가 날아간 아찔한 허공

우리는 푸른 기억을 잃어버린 나무
멀리 있을 때 더 푸르던 나무

너에게서 멀어지고
돌이킬 수 없는 먼 시간을 달려와
차라리 독(毒)이 되는 시간
너는 지금 어느 길을 걷고 있을까

너도 한 번쯤은 지나치는 누군가에게서
내 눈빛을 읽고 있는지
내 목소리 기억하려 눈을 감는지

별은 어디로 갔을까

아주 오래된 책을 펼쳤네
빛바랜 꽃잎이 긴 잠을 깨네
밑줄 친 문장을 따라
라일락꽃 흐드러진 골목이 열리고
솜털 같은 웃음이 꽃잎처럼 쏟아지네
그날의 햇살 환한 창가
연둣빛 설레임
꽃잎 하나 책갈피에 고이 재우던
촉촉한 영혼을 기억하네

그날의 별은 어디로 갔을까
홀씨들은 어디로 날아갔을까
잊혀진 꿈과
운행을 멈춘 별이 기록된 꽃잎 한 장

메마른 가슴에 물기가 돌고
소녀는 다시 꽃잎 속에 순장되네
돋은 별 스러지고

꽃 진 자리 다시 꽃 필 때
누가 이 관을 열어 소녀를 다시 깨울까
잘 가,
가슴에 별을 품던 내 안의 소녀야

생의 어느 날

갇혔다,
예고 없이 느닷없이
시효가 끝나가는
떫고도 달콤했던 구속

종일토록 비 내리고
창안에서 창밖으로 내다보는 거리
거리엔 익명으로 떠도는 우산들
오지 않는 너를 기다린다
아무도 듣지 않는 노래는 혼자 흐르고
탁자에 그린 수채화는 커피색
슬픔이 빠져나간 나는 건조하다
부서진다
네가 오지 않는 시간
나를 구속했던 시간을 지운다
너와의 시간은 이제
존재하지 않았던 시간이다
이제부터 네가 흘릴 약속

〈
그 어떤 길에 네 시간을 탕진한다 해도
나와는 무관하다
시계가 멈춘다
여전히 비 내리고
음악은 흐르고
창안에서 창밖으로 내다보는 거리
텅
빈
쓸쓸이란 이름의

처서

밤새 추녀 끝을 긁던 비
개이고
성큼 다가선 앞산에
새파란 허공이 널렸다
누가 팽팽히 잡아당기나
빳빳이 풀 먹인 허공 한 폭
느닷없는 새 한 마리
쩡!
솟구쳐 허공을 깬다

비단풀

식어가는 가을볕이 아쉬워
느릿느릿 볕 따라 걷는 길
발밑에 비단 풀이 납작납작 깔렸다
애초 어느 익살꾼이 그리 불렀을까
이래 봬도 비단 꽃이라고
눈길 끌 구석도 없는 꽃을
겨드랑마다 송글송글 품었다
너를 밟는 누구라도 꽃길 열어 주마고
주인공이 되어 보라고
오가는 발밑을 질기게 살아내는
그래, 주단이로구나!
징검징검 너를 딛고 가면
그 생의 어느 날도 비단결 같을까?
가만히 등 곧추세워 보는 길

내 어머니도 비단 풀이었다
나, 그 겨드랑에 품었던 무녀리 꽃이다
납작 엎드려 주마
기꺼이 디딤돌이 되어주마
누구라도 밟고 가라

너라는 나무의 잎

나무가 잎을 버린다
은행잎, 단풍잎, 플라타너스 잎
버려져 아무렇게나 굴러다닌다
버려져도 잎은 여전히 그 나무의 잎이다
그 나무를 지워버리면
이름조차 없는 낙엽이다

억새꽃 하얗게 쓸려가는 밤
상처를 덧내어 아픔을 더 아파하며
명료한 이름 하나 지워질 때까지
잠들지 못하는 밤
마지막 별마저 사라진 뒤에도
오래도록 시릴 이름

내 이름은
너라는 나무의 잎

사소하게, 간절하게

잘 지내지?
밥은 먹었어?
입맛 없어도 잘 챙겨 먹어
아프지 말고

사소하게
아무 일 아니게
그냥 무심히 건넨 것뿐인데

아니?

조시 그로반의 다감한 노래같이
어깨를 감싸는 그레고리 펙의 바바리코트같이
잠든 척 소파에 누워 실눈 뜨고 보는
버클리풍 남자의 뒷모습같이*
참, 간절하게 꿈꾸게 한다는 걸

*황동규 / 버클리풍의 사랑 노래

생의 한가운데

생의 한가운데, 루이제 린저
85년생 묵은 책 속에 얌전히 눕혀진
77년 소인의 빈 편지봉투

달이 밝으면 밝아서 잠 못 들고
달이 지면 달이 져서 가슴 시렸을
서로의 곁이 되지 못한 이름이
'생의 한가운데' 이윽히 등을 대고 있네

생의 한가운데서 별이 된 언니야,
속엣말 다 버리고도
차마 지우지 못한 그 이름, 별처럼 간직했구나
인천시 남구 청학동 357번지로 보내온
속초 최 아무개의 흘림체
신도시 콘크리트 속에 사라진지도 삼십 년인 번지에
아무도 열지 못할 한 시절이 봉인되었구나
〈

나 또한 생의 한가운데를 지나며
주인 없는 빈 봉투를 헤아리는 밤
불리어진 지 오래인 이름을
가만히 불러보는 밤

내가 태운 편지는 또
얼마나 무성한 나무가 되었을까

타인의 시간

이 순간 나를 이끈 것은 무엇일까
다니던 길 놔두고
지름길을 찾아 들어선 터널
집어등에 몰려든 오징어 떼처럼
들어오는 족족 삼켜버리는
이것은 투망
빠져나갈 구멍은 없다
당신도
나도
누구의 예측도 불허한 이 아침의 운명
더 견고한 내일을 꿈꾸는 나처럼
전방의 당신도 그랬을까
내 앞길을 막아버린 당신과
초조하게 시계나 보는 나
우린 서로 타인
잠시 후 어느 길에서 마주쳐
당신이 문득
날씨 좋은걸? 하며 싱긋 웃어도
공유한 기억 따위 주고받지 않을 익명의 타인

〈
긴긴 투망이 풀리고
누우 떼처럼 내달리는 차들
저만치 종잇장처럼 구겨진 당신의 차
그러나 나는 타인
구겨진 차를 유기한 채
안단테 안단테 알레그로 프레스토
점점 빠르기로 흘러갈 뿐인 타인

타인,
언젠가 당신과 나의 배역이 뒤집힐 수도 있는

생의 이력

오늘도 부딪쳐
흔적 하나 남긴 하루
상처는 생의 이력서다

빛바랜 시간의 여과 뒤에

생의 어느 순간을 불쑥 들춰내는
상처의 지문

산 그림자 고요히 내려앉는 저녁
홀로 뒤척이는 저 강물의 흔들림
느닷없이 제 몸 파고든 돌덩이 하나
쿨럭쿨럭 삭히고 있다

돌 품은 강의 물굽이
금세 부드러운 능선이다
물굽이 안에서
돌의 각은 누그러질 것이다

〈
강이 깊을수록
상처의 관록은 탄탄하다
일어난 모든 일에
의문부호를 두지 않는다

이해 못 할 일도
받아들이지 못할 일도
제 몸에 자근자근 무르익힌 흉터
상처로 쌓은 생의 이력이다

그대에게 가는 길

새가 운다
나직나직 혼자 운다
지상의 마지막처럼 적요하다

루드베키아 흔들리는 나른한 오후
새는 어디론가 날아가 버리고
지나쳐간 버스 뒤로
버스 하나 또 멀어진다
기다렸던,
타지 않은 버스마저 떠난 자리
그림자 자꾸 길어지는데

함께 별 한번 본 일 없이
별을 보다 문득 생각하는
밥 한번 먹은 일 없이
밥 한술에 울컥 목이 메는
내가 사랑한 건 그림자
온기도 윤곽도 없는
한낱 그림자

〈
내가 행복하다면
그림자 때문이다
내가 불행하다면
한낱 그림자 때문이다

그 많은 길을 돌아 다다른
이 길은 막다른 길
선혈처럼 뚝뚝 지는 능소화 절벽 길

지워 버리자,
저 길은 지워버리자
노을마저 숨 막히게 아름다운
그대에게 가는 길

나에게 미안하다

나에게 미안하다
하고 싶은 걸 다 할 순 없단다
가고 싶다고 다 갈 수도 없단다
그게 삶이란다, 길들인
나에게 미안하다
길 없는 길 걷게 한
나에게 미안하다
길 없는 길에서 맛본
야생 열매의 씁쓸하고 떫은맛
떠밀려 걸어온 길도
씁쓸하고 떫었다
방치된 나여
길 잃고 헤매는 나여
너에게도 통점이 있었구나
함부로 바람에 떨게 하지 말고
아무렇게나 비에 젖게 하지 말 일이다
둘 곳 없는 그 손
내가 잡아줘야겠다
내가 너를 안아줘야겠다

■ 해설

상실감과 허무의식에서 길어올리는 꿈의 의지

■□ 해설

상실감과 허무의식에서 길어올리는 꿈의 의지

박현솔(시인, 문학박사)

　인간의 삶에는 여러 상실감이 함께하는데 죽음에 의한 상실이나 물질에 대한 상실, 인간관계의 상실, 심적인 상실, 역할과 조직의 상실 등이 그것들이라 할 수 있다. 이러한 것들에서 발생하는 상실감으로 인해서 불안을 느끼고 떠나간 것에 대한 집착이 심해지거나 원망의 마음이 생기기도 한다. 또한 상실감과 함께 밀려오는 것이 허무인데, 허무함은 자신이 그동안 소중하게 생각해온 무언가를 가치 없고 무의미한 것으로 생각하게 되면서 심리적으로 허전해지는 감정 상태가 되는 것이다. 이러한 상실감과 허무함은 절대적 가치가 존재하지 않아서 염세주의로까지 이어진다.
　이 때문에 인간이 추구해야 할 가치가 외부에 존재하지 않으므로 자신의 내면에 가려져 있는 진정한 삶의 의미를 일깨워야 한다. 어느 순간에 닥치는 삶의 역경 속에서도 자신의 한계를 직시하고 이를 극복하기 위해 노력하는 과정에서 진정한 자아를 발견할 수가 있다. 결국 삶에서 진정한 주인이 자신임을 깨닫고 미래로 나아가려는 의지를 세우는 것이 무엇보다 의미 있는 일이 될 것이다.

현대시사에서 시대적으로 또 개인적으로 상실과 허무를 느끼면서 이를 자신의 시에서 미학적으로 구현한 시인으로는 김소월을 들 수가 있다. 김소월의 시에서 '님'을 시대적 상황과 관련된 상징으로 보는 관점이 다분한데 이는 제한적인 요소가 될 수 있다. 김소월의 시에는 자신의 삶을 비관적으로 바라보는 현실 인식과 함께 이상향을 지향하는 관점이 나타나고 '님'에 대한 상실감과 절망을 표출하면서도 다른 한편으로는 '님'을 그리워하며 만나고자 하는 개인적 열망이 강하게 나타나는 특징이 있기 때문이다.

이번에 첫 시집 『생을 위조하다』를 출간하는 유혜자 시인의 시집은 김소월의 시와 분위기가 많이 닮아있지만 다양한 주제의 시적 흐름인 발견의 시, 타자와 가족에 대한 시, 인연에 대한 시, 상실과 허무에 대한 시, 깨달음의 시, 꿈과 희망에 관한 시 등 여러 갈래로 포진되어 있다. 한 시인의 시집에서 이렇게 다양한 주제를 다루는 것은 시를 오래 쓴 시인들도 구현하기 힘든 일인데 이제 첫 시집을 내는 시인이 이 정도의 깊이를 보여주는 것은 흔치 않은 일이라 할 수 있다. 이것은 유혜자 시인이 시를 사랑하고 수련한 시간이 오래되고 그 열정이 대단하다는 것을 의미한다. 그래서 이번 시집에서 강한 지향성을 드러내는 상실감과 허무의식을 주로 하면서 다른 주제들을 더불어서 살펴보고자 한다.

1. 확장된 의미와 반전, 참신한 비유와 감각

    잎사귀 안에
    보기 좋게 가지를 뻗은
    나무 한 그루 들어 있다
    중심에서 뻗은 가지가 다시 가지를 쳐
    더 작은 나무를,
    더 작은 나무는
    그보다 더 작은 나무를 품었다
    나뭇잎 하나에
    수많은 나무가 빼곡하다
    그 잎이 모여 나무가 되고
    그 나무 모여 숲이 되고

    작은 잎이 山의 씨앗이었네

山 한 채였네

　－「山 한 채」 전문

　이 시에서 나무는 삶의 원천과 숙명의 주체로서 화자 자신을 상징한다. "잎사귀"에 새겨진 "나무 한 그루"가 "숲"을 이루고 이것이 모여서 "山 한 채"가 되는 확장성을 통해 잎사귀가 산이 되는 발견의 미학을 엿볼 수가 있다. 즉 유년의 나와 열정이 쌓여가던 나, 고난과 역경을 지나온 나, 생의 의미를 알게 된 나가 모두 유기적으로 연결되어 있다. 이것은 순환론적 세계관을 가진 화자의 삶을 압축적으로 보여주는 것으로서 일상적 사물에서 그 너머의 것까지 확장시켜서 해석해내는 능력을 보이고 있는 것이다.

　또한 외연과 함축적 의미 사이에서 반전을 보이는 시로 「베일」을 들 수가 있다. "너는 베일이다/은밀한 손짓이다/더 가까이, 더 자세히/열고 싶다, 닿고 싶다/베일 뒤에서 모호하고/모호하게 신비한 너//베일 속 너는 네가 아니다/너는 내가 물 주는 꽃이다/베일 속에서 향기롭고/점점 더 아름다워진다/시간이 갈수록 베일은 들출 수 없다/들추는 순간 향기는 휘발된다//나도 베일이다/보이는 것이 전부가 아니다/베일 뒤 모래사막/끝내 넌 모를 것이다

(「베일」)"에서 "베일"을 쓴 너와 베일을 쓰지 않은 네가 다르듯이 나 역시 그러하며 이때 드러나는 반전에서 시적 묘미가 발생한다.

한편 은유에서 원관념과 보조관점의 선택과 조합에서 뜻밖의 결합을 통해서 시적 공감이 느껴지게 하는 시로 「波濤, 불멸의 꽃」이 있다. "절벽으로 치닫는다/포효한다/숨죽인 순간/수천, 수만 송이/폭죽 터지듯 단애에 만개한 꽃/눈을 뜰 수 없다/감을 수도 없다/접근 불허의 표표한 꽃이다/범접지 못할/저 꽃의 이름은 무엇인가/제 몸 후려쳐 피워낸 찰나의 꽃/거듭거듭 부딪친다/깨지고 깨져/수세월 피고 졌다//아직 미완성이다/다시 피워 올린다(「波濤, 불멸의 꽃」)"와 같이 바다에서 포효하는 파도를 꽃의 개화에 비유한 것이 참신하다. 나아가서 우주적 상상력을 보여주는 시 「처서」에서는 시적 언어의 공감각적 표현이 매우 자연스럽고 상상력이 발현되는 것 또한 감각적이다.

2. 님의 부재와 사랑을 잃은 존재의 상실감

행복한 순간이 오면

노래를 듣지 말 것

절대 듣지 말 것

말할 수 없이 행복하다면
더더욱 듣지 말 것
행복이 끝나버린 뒤엔
그 노래가 두고두고 비수가 될 테니

꽃도 보지 말 것
향기가 독이 될 테니
꽃잎이 발톱이 될 테니

하늘도 보지 말고
별도 보지 말 것
아무것도 눈에 담지 말 것
행복이 내 것이 아닌 뒤엔
눈에 담은 모든 것이 눈물이 될 테니

그러나 누가 생각이나 하겠는가
그 행복한 순간에
언젠가 행복이 끝날 수도 있다는 걸
그 사랑이 떠날 수도 있다는 걸

-「행복한 순간이 오면」 전문

유혜자 시인의 시에는 님에 대한 상실의 마음과 그리워하는 마음이 매우 크면서도 님을 다시 만나고자 하는 열망보다 꿈을 찾으려는 의지가 더 강하게 드러나는 것이 김소월의 시와 다른 점이다.

  이 시는 행복을 느끼는 순간이 아픔의 증거가 될 수 있음을 화자의 경험을 바탕으로 쓴 것이다. 사랑하는 님과 행복한 순간에 "사랑이 떠날 수도 있다는 걸" 알지 못한 채 마냥 행복해하던 자신이 안타깝기만 하다. 그렇기에 행복한 님과의 시간들이 모두 부질없고 허무하게 다가온다. 이러한 상실감과 허무를 느끼게 하는 시들로 「브루클린으로 가는 마지막 비상구는 흐르고」, 「벚꽃 아래 어느 날」, 「어디에도 없는 꽃」 등이 있다. 「브루클린으로 가는 마지막 비상구는 흐르고」에서 막다른 곳에 이른 화자의 상실감과 막막함이 잘 드러나고 있다. "어제 같은, 그제 같은 오늘/브루클린으로 가는 마지막 비상구는 흐르고/새삼 가슴 미어질 일도 없건만/어스름에 듣는 노래 하나에/갓길에 차 세우고 한숨 짓는 저녁//그랬던가/나 돌아갈 곳이 있었던가/누군가의 온기로 훈훈한 곳/돌아올 나를 위해 켜 둔 따스한 불빛 하나/그런 것이 있었던가//노을 진 후의 저녁 실루엣은/더욱더 가슴을 조여와/조금만/

조금만 더 있다가/결국 가던 길 가겠지만/노래는 흐르고/ 길은 지워진다(「브루클린으로 가는 마지막 비상구는 흐르 고」)"와 같이 화자는 라디오에서 흘러나오는 음악을 들으면서 님과의 이별로 인해 생긴 상실감과 함께 돌아갈 곳이 없다는 자각이 들면서 허무를 느끼고 있다.

3. 님에 대한 그리움과 원망의 양가적 감정

갇혔다,
예고 없이 느닷없이
시효가 끝나가는
떫고도 달콤했던 구속

종일토록 비 내리고
창안에서 창밖으로 내다보는 거리
거리엔 익명으로 떠도는 우산들
오지 않는 너를 기다린다
아무도 듣지 않는 노래는 혼자 흐르고
탁자에 그린 수채화는 커피색
슬픔이 빠져나간 나는 건조하다
부서진다

네가 오지 않는 시간

나를 구속했던 시간을 지운다

너와의 시간은 이제

존재하지 않았던 시간이다

이제부터 네가 흘릴 약속

그 어떤 길에 네 시간을 탕진한다 해도

나와는 무관하다

시계가 멈춘다

여전히 비 내리고

음악은 흐르고

창안에서 창밖으로 내다보는 거리

텅

빈

쓸쓸이란 이름의

−「생의 어느 날」 전문

　유혜자 시인의 시에는 기본적으로 사람에 대한 믿음이 깔려있고 그리움과 아쉬움 같은 감정들이 나타나고 있으며 타자들에 대한 적대감이나 경계심은 거의 드러나지 않는다. 그리고 사랑하는 가족에 대해선 끝없는 믿음으로 다가가고 지인들에게는 정이 넘치며 타자들에 대해서도 역지사지(易地思之)의 마음으로 대하는 것이 보인다. 즉 사람을 볼 때 겉모습보다 드러나지 않는 내면을 보기 위해서 노력하고 그것에 마음을 쓰는 성향을 가지고 있다.

그런데 가족이나 타자들과 달리 인연이 있었던 특정한 사람에 대해서 이별의 정한과 아쉬움이 짙게 배어나고 있다. 그 사람과 인연이 다시 이어지기를 바라는 마음과 사랑했던 모든 것을 잊기를 바라는 양가의 감정이 존재하고 있다. 나아가서 시에 드러나는 님에 대한 마음은 애달프고 안타까워서 왠지 김소월의 시에 등장하는 님을 떠오르게 한다.

위의 시에서 시적 화자는 너를 기다리고 있고 너는 아직 오지 않고 있다. 그런 상황에서 서로를 "구속했던 시간"은 "존재하지 않았던 시간"으로 인식하려는 화자의 굳은 의지가 드러나고 있다. 이제 너는 "나와는 무관하"고 인연의 "시계가 멈춘다"고 해도 다신 되돌릴 수 없으며 "슬픔이 빠져나간" 자신은 "건조하고" 부서질 수밖에 없다는 표현에서 이러한 양가의 감정을 엿볼 수가 있다.

이것은 자기방어 기제에 의한 것으로서 화자가 기다리는 "너"가 오지 않음으로 인해서 순간적으로 촉발된 감정이다. 기다리는 상대가 오지 않아서 마음이 상하고 시간이 지날수록 자신이 더 큰 상처를 받을 것을 미리 걱정하여 상대와의 추억과 둘이서 함께 했던 모든 것을 부정하고 있는 것이다.

4. 인식의 오류를 바로잡는 수행으로서의 깨달음

앞을 똑바로 보세요
똑바로 보세요, 똑~~바로
똑바로 보는 나에게
자꾸 똑바로 보라는 사진사

오른쪽으로 살짝 돌려 보세요
다시 왼쪽으로 조금만
고개 들고
자연스럽게 살짝 미소

사진 찍으며 알았네
내가 세상을
삐딱하게 살고 있었다는 걸

똑바로 해라, 큰소리친 내가
실은 불량했다는 걸

빳빳이 힘주고 걸어간 그 길이
삐딱한 길이란 걸
흠 있는 길이란 걸
모르는 척, 무심한 척

사진사 바로 세워주네
살만한 세상 아니냐는 듯
웃어 보라네

좋은 세월 살아온 듯
더 젊어진 듯
위조된 생이
면허증에 거리낌 없이 환하네

언젠가 생이 한없이 비틀거릴 때
나는 다시 사진관에 가겠네
부딪치고 채인 흔적들 모두 꺼내 놓겠네

너른 품 곧은 눈의 사진사에게서
말끔해진 생으로
다시 한번 곧게 걸어 보겠네
환한 햇빛 속을 걸어가겠네

─「생을 위조하다」 전문

이 시에서 화자는 사진을 찍으면서 사진사에게 자세의 교정을 요구받지만 그것을 삶의 태도와 마음가짐으로 확대하여 받아들인다. 화자에게 자세의 어긋남은 그 근본인 마음에서 비롯된다는 인식 때문이다. 그동안 화자는 "삐딱하게" "빳빳이 힘주고" 살았으며 "똑바로 해라" 큰소리치면서 살아왔는데 사실은 그러한 자신의 모습이 "불량했다는 걸" 깨닫게 된다. 오랜 세월 동안 가지고 있던 인식의 오류를 우연한 기회에 발견하고 그것으로 인해 자신의 현실을 직시하게 되면서 앞으로는 무언가에 집착하지 않고 자유로운 사고를 하면서 유연한 자세로 살아가야겠다고 생각하는 것이다.

자신이 편견에 사로잡혀 있다는 것을 알 수 있으려면 어떤 현상에서 나타나는 마음의 흐름에 주의를 기울일 필요가 있다. 위의 시에서처럼 사진을 찍으면서 자세 교정을 요구받을 수도 있고 약속을 지키지 않아서 쓴소리를 듣는다거나 남의 말을 흘려듣는 습관을 타인에게서 지적받는다거나 하는 모든 상황과 인간관계에서 객관적인 거리를 두고 판단할 수 있어야 한다. 그래야만 화자의 바람대로 "다시 한번 곧게 걸어"서 "환한 햇빛 속을 걸어"갈 수가 있을 것이다.

다른 시 「물의 기원」에서 사람에게 상처를 받은 날 샤워를 하면서 자신을 성찰하는데 "사람의 물길은/사람에게로 흐른다/맑은 사람의 물길에/따뜻한 사람의 물길에/빗장이 풀린다/상처가 씻긴다//내 안의 물은 흐를 곳이 없다/흐르지 않으니/또 다른 상처를 잉태한다//흐르고 더 멀리 떠돌다/가장 높이 하늘로 회귀하는 물처럼/다시 바다를 두드리고/하늘과 땅을 잇는 맑은 물길처럼/다가온 것 떠나는 것/가두지 말고 흘러가게 했어야 했다//물아/발밑에서 나를 떠나는 물아/너를 따라가야겠다/닿는 것마다 씻겨 주고/오래 흐를수록 말개지는 낯빛으로/어느 맑은 사람의 기슭에 닿을 때까지/내가 흘러가야겠다/내 물길을 내야겠다(「물의 기원」)"에서처럼 인생의 문제에 대해서 사유하고 옳은 길을 찾는 과정에서 깨달음을 얻듯이 말이다.

5. 존재를 일깨우고 꿈을 이루며 사는 것

꿈을 꿨지요

저 높고 푸른 하늘을 거침없이 날아가는 꿈을

난다는 건 얼마나 근사한 일인가요

바람을 타고 대서양을 건너

알프스를 지나고, 고비사막을 지나

먼먼 나라로 가겠지요

마침내 바람이 되겠지요

나는 알바트로스

너무 오래 오지 않는 폭풍우를 기다렸어요

날개는 퇴화하고

나는 걸 잊어버렸지요

언젠가 날 수 있을까요?

빌딩 숲을 지날 때마다

바람의 촉을 느껴요

두근두근 비상을 꿈꾸죠

날지 않는다면 무슨 의미가 있겠어요, 나는 새인걸

멀리 날지 않아도 돼요

오래 나는 것도 원치 않아요

고요하고 고요한 날
가장 높은 곳에서 단 한 번 비상이면 되죠
가볍고도 가벼운 허공의 파동을 읽지요
바람을 믿어요

– 「마지막 비상」 부분

 이 시에서 화자는 자신을 새에 비유하고 있는데 "알바트로스"는 날개가 커서 땅 위에서는 뒤뚱뒤뚱 걸어다니는데 장거리 비행에 최적화된 날개를 제때에 쓰지 않으면 점차 퇴화가 된다. 화자 역시 꿈이 사라져버려서 자신의 정체성을 찾지 못하는 상황이다.
 그런데 시적 화자가 바라는 것은 먼 곳으로의 비행이 아니라 "가장 높은 곳에서 단 한 번 비상"하는 것이다. 그저 자신이 새였다는 것을 일깨우는 것으로 충분하다. 자신의 존재를 일깨워줄 "바람"과 만나는 것만이 꿈을 이룰 가능성임을 직감적으로 알고 있다. 그리고 자신이 새라는 것을 모르고 일상적으로 만난 사람들이 자신이 큰 꿈을 꾸었던 사람이라는 것을 알았을 때의 반응이 궁금하다. 즉 자신의 존재를 일깨우고 꿈을 이루며 살아가는 것이 화자가 진정 바라는 것임을 보여주고 있다.

한편 화자는 자신의 꿈에 대해 말하기 위해서 언젠가 꾸었던 "꿈" 얘기를 하고 있다. 그것은 현실에서는 일어나지 않았고 당장은 일어날 수 없는 일이지만 꿈에서는 얼마든지 가능한 일이다. 그만큼 화자의 무의식 속에서는 꿈을 이루는 일이 실현 불가능한 일이라는 생각이 강하기 때문에 현실이 아닌 꿈에서 자신이 원하는 것을 이루고 싶은 욕망을 맘껏 표출하고 있는 것이다. 그러므로 꿈은 화자의 현실을 깨닫게 하고 감춰진 욕망을 드러내어 존재의 본성을 깨우고 나아갈 지향점을 지속적으로 알리면서 화자의 세계관을 견인하는 역할을 하고 있다.

지금까지 유혜자 시인의 시에 드러난 시적 기법으로서 확장된 의미와 반전, 참신한 비유와 감각에 대해서 살펴보았다. 그리고 님의 부재와 사랑을 잃은 존재의 상실감에도 깊이 공감하였다. 그리고 님에 대한 그리움과 원망의 양가적 감정이 동시에 나타나고 있음을 알 수 있었다. 나아가 인식의 오류를 바로잡는 수행으로서의 깨달음이 현실적으로 실현 가능하다는 것도 알게 되었다. 마지막으로 자신의 존재를 일깨우고 꿈을 실현하는 것이 가장 의미 있는 일임을 다시 한번 확인할 수 있었다.

시인의 삶은 어쩌면 일상인의 삶보다 훨씬 고단하다고

할 수 있다. 다는 아니겠지만 시인은 세상 사람들이 물질만능주의 세상에서 어려움을 겪는 정도를 훨씬 뛰어넘는 어려움 속에서 살아간다. 그것은 시인이 물질보다 정신적인 것에 더 가치를 두고 있으며 이것은 스스로가 자초한 것이기도 하다. 하지만 시에 재능이 있더라도 자신이 원한다고 시인이 될 수 있는 것은 아니다. 세상의 편견, 부모와 혈육의 편견, 지인들의 편견을 이겨낸 사람만이 시의 세계로 들어올 수가 있다. 대부분의 재능있는 사람들은 그러한 벽에 부딪쳐서 일단은 다른 길로 선회한다. 그러나 시에 영혼이 팔린 사람은 세상에서 일상인으로 살아가는 것에 만족할 수 없고 행복할 수 없다. 왠지 가슴에 구멍이 난 것 같은 상태로 감정을 숨기면서 살아가기 때문이다. 그렇게 일상적이고 평범한 삶을 살아가다가 상실감이나 허무를 느꼈을 때 그동안 싹을 잘랐던 꿈의 그루터기에서 시가 밀고 올라온다. 그제서야 시를 다시 생각하게 되고 마음이 텅 빈 듯한 느낌이 시를 외면한 것에서 비롯되었다는 것을 깨닫는다. 그렇게 시인으로 살아야 할 사람이 멀고 먼 길을 돌아서 늦게서야 시의 길로 들어서는 것을 주위에서 보게 된다. 유혜자 시인도 다분히 그런 경우이고 이제 시의 세계를 떠나선 살 수 없는 시인이 되었다. 시와 함께 출근하고 시와 함께 살아가고 시와 함께 잠드는 운명을 살게 된 것이다. 이제는 누가 그녀의 삶이 옳고 그름을 판단할 수 없고 오로지 자신의 의지로서만 이 세계를 탐험해야 한다. 그동안 세상을 살아온 내공이 있기에 시의 세계에서도 자신만의 성곽을 쌓으면서 행복해질 수가 있다. 앞으로도 진심을 다해서 자신의 시세계를 쌓아 올리기만 하면 될 일이다. 그동안 아프게 접었던 양 날개를 마음껏 펼치고 높이 훨훨 날아오르기를 기원한다.